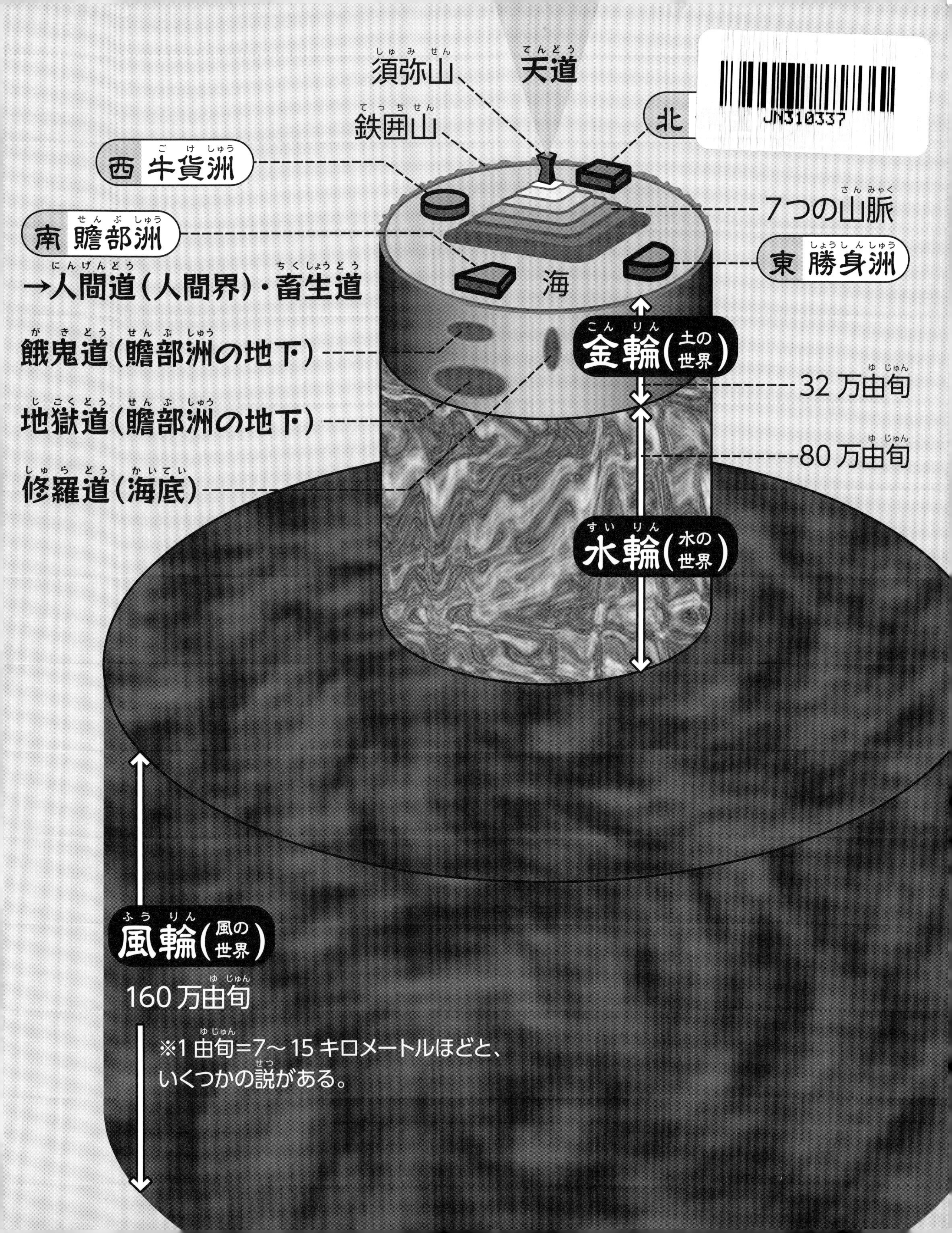

須弥山《しゅみせん》
天道《てんどう》
鉄囲山《てっちせん》
北
西 牛貨洲《ごけしゅう》
7つの山脈《さんみゃく》
南 贍部洲《せんぶしゅう》
東 勝身洲《しょうしんしゅう》
→人間道《にんげんどう》(人間界)・畜生道《ちくしょうどう》
海
餓鬼道《がきどう》(贍部洲《せんぶしゅう》の地下)
金輪《こんりん》(土の世界)
32万由旬《ゆじゅん》
地獄道《じごくどう》(贍部洲《せんぶしゅう》の地下)
80万由旬《ゆじゅん》
修羅道《しゅらどう》(海底《かいてい》)
水輪《すいりん》(水の世界)
風輪《ふうりん》(風の世界)
160万由旬《ゆじゅん》
※1由旬《ゆじゅん》=7〜15キロメートルほどと、
いくつかの説《せつ》がある。

みたい！ しりたい！ しらべたい！

日本の地獄・極楽なんでも図鑑

3 極楽ってどんなところ？

監修 松尾恒一
絵 宮嶋友美

ミネルヴァ書房

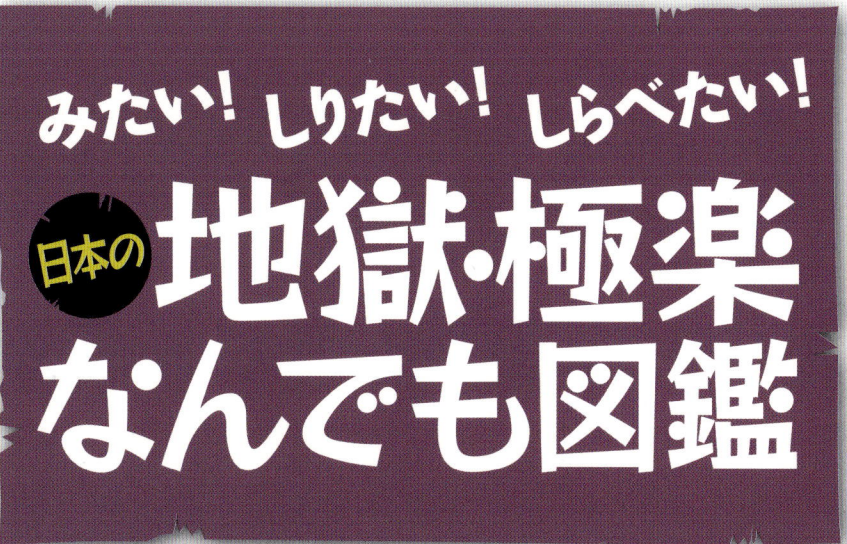

もくじ

はじめに

極楽《ごくらく》への願《ねが》い　松尾恒一《まつおこういち》 …… 4

極楽《ごくらく》ってどんなところ？ …… 6

十王《じゅうおう》の正体は仏《ほとけ》さま？ …… 12

極楽以外《ごくらくいがい》の死後の世界 …… 16

極楽往生《ごくらくおうじょう》を願《ねが》った風習 …… 22

この世でみられる極楽《ごくらく》 …… 26

全巻《ぜんかん》さくいん・用語解説《かいせつ》 …… 30

コラム

仏《ほとけ》さまの区分 …… 15

外国の天国 …… 20

※文中の青い文字は30・31ページの「用語解説《かいせつ》」で解説《かいせつ》しています。

はじめに

極楽《ごくらく》への願《ねが》い

松尾《まつお》 恒一《こういち》

世界じゅうのそれぞれの場所で、人びとは日々《ひび》、さまざまなくらしをしています。どんな環境《かんきょう》にあっても、人間にはよかったこともあれば、たいへんな苦労《くろう》や精神的《せいしんてき》にいやなこともあります。また、なかのよい友人がひっこしなどをしてあえなくなってしまうつらい別《わか》れも、だれもが経験《けいけん》することです。

健康《けんこう》で長生きすることは、人類《じんるい》に共通《きょうつう》する願《ねが》いですが、人間も生きものである以《い》上《じょう》、必《かなら》ず死をむかえます。人と人とは、いつかは必《かなら》ず別《わか》れなくてはならない運命にありますが、死んでしまったら、人間の霊魂《れいこん》は、この世界ではない、別《べつ》の世界へ赴《おもむ》くものと信《しん》じられ、また、この世で別《わか》れても、その死後の世界で再会《さいかい》できるとも考えられてきました。

のこされた家族をはじめとする人びとは、ご先祖《せんぞ》さまの赴《おもむ》く世界は、苦しみのない楽しい世界であってほしいと願《ねが》い、そうした、苦しみのない幸せにみちた世界として天国や極楽《ごくらく》、浄土《じょうど》といった世界を想像《そうぞう》し、信《しん》じてきました。

お葬式《そうしき》に代表されるような、日本人の信じる死後の世界のイメージに大きな影響《えいきょう》をあたえたのは、インドを起源《きげん》とし中国や朝《ちょう》鮮半島《せんはんとう》を経由《けいゆ》して、古代に日本に伝来《でんらい》した仏教《ぶっきょう》です。

お葬式《そうしき》や、亡《な》くなったご先祖《せんぞ》さまが家にかえってくると信《しん》じられているお盆《ぼん》、また、春秋のお彼岸《ひがん》においては、お墓《はか》や仏壇《ぶつだん》に、ご先祖《せんぞ》さまにさしあげるためのお茶やくだものをおそなえし、お線香《せんこう》をたて、お花をそなえますが、こうした作法《さほう》には、極《ごく》楽《らく》・浄土《じょうど》のイメージが反映《はんえい》されています。

極楽《ごくらく》には、蓮華《れんげ》をはじめとする花がさきみだれ、よい香《かお》りがあふれ、観音《かんのん》さまや地蔵《じぞう》さまがともにすむ美しい世界である

薬師寺《やくしじ》では、3月末《まつ》からの花会式《はなえしき》で、牡丹《ぼたん》・梅《うめ》・桜《さくら》・菖蒲《しょうぶ》などの造花《ぞうか》が、薬師如来像《やくしにょらいぞう》の仏前《ぶつぜん》にかざられる。また、香《こう》が焚《た》かれて、浄土《じょうど》のイメージが表現《ひょうげん》され、人びとの平和が、僧侶《そうりょ》によって祈願《きがん》される。

と、仏教《ぶっきょう》の経典《きょうてん》には説《と》かれています。こうしたイメージより、お盆《ぼん》やお彼岸《ひがん》では、極《ごく》楽《らく》の世界をこの世につくりだす作法《さほう》として、お線香《せんこう》やお花を、お墓《はか》や仏壇《ぶつだん》にささげるのです。

経典《きょうてん》にはまた、極楽《ごくらく》には、顔が菩薩《ぼさつ》で体が鳥の美しい声でさえずる迦陵頻伽《かりょうびんが》とよばれる想像上《そうぞうじょう》の鳥が飛翔《ひしょう》するようすや、琵琶《びわ》や笛で奏《かな》でられる美しい音楽があふれるようすも説《と》かれています。中国や日本ではこうしたようすをえがいた「浄土変相図《じょうどへんそうず》」とよばれる絵画《かいが》も数多くつくられ、人びとはこれをみて極楽《ごくらく》の世界にあこがれました。

神戸《こうべ》の関帝廟《かんていびょう》でおこなわれる中国式のお盆《ぼん》の行事では、冥宅《めいたく》がかざられる。冥《めい》宅《たく》は、極楽《ごくらく》で先祖《せんぞ》がすむ大きな邸宅《ていたく》。他界《たかい》での先祖《せんぞ》の幸せを願《ねが》って、紙でつくられた自動車や豪華《ごうか》な家具《かぐ》などが邸宅《ていたく》のなかにおかれる。この行事は福建同郷会《ふっけんどうきょうかい》によりおこなわれ、神戸市《こうべし》の地域文化財《ちいきぶんかざい》（無形民俗文《むけいみんぞくぶん》化財《かざい》）に認定《にんてい》されている。

みなさんのおさいふには10円玉が入っていると思いますが、その裏《うら》には京都宇治《きょうとうじ》にある寺院《じいん》、平等院《びょうどういん》がえがかれています。平《びょう》等院《どういん》や、その庭園は、仏教《ぶっきょう》の浄土《じょうど》の世界をこの世につくりだそうとして平安時代につくられたものです。

仏教《ぶっきょう》行事でのお茶やお花をささげる作法《さほう》は、中国から伝《つた》わったものですが、日本で独自《どくじ》に発達《はったつ》して、茶道《さどう》や生け花など、日本の伝統《でんとう》文化もうみだしました。

こうした、死後に極楽《ごくらく》や浄土《じょうど》へ赴《おもむ》くこと、苦痛《くつう》のない楽しさにみちた世界へ赴《おもむ》くことを願《ねが》っておこなわれてきた仏教《ぶっきょう》の作法《さほう》は、茶道《さどう》や生け花など、自分や家族をたずねてきてくれた人へのおもてなしやおもいやりの気持ちがこめられた、世界にほこる日本を代表する伝統《でんとう》文化をうみだしたことも、あわせてしってほしいと思います。

それではみなさんといっしょに、生きているあいだによいおこないをした人がいける極楽《ごくらく》についてみていきましょう。

東大寺《とうだいじ》では、5月の聖武天皇祭《しょうむてんのうさい》で、古代にインドから伝《つた》えられたという迦陵頻伽《かりょうびんが》の舞《まい》が、子どもたちによって舞《ま》われる。

韓国《かんこく》ソウルの奉元寺《ボンウォンサ》でおこなわれる霊山斎《ヨンサンジェ》。お釈迦《しゃか》さまの説法《せっぽう》のようすにもとづく仏教《ぶっきょう》行事で、さまざまな伝統《でんとう》の音楽や舞《まい》がささげられて、極楽《ごくらく》のイメージが表現《ひょうげん》され、死者の供養《くよう》がおこなわれる。

極楽《ごくらく》ってどんなところ?

幸せなときや心地《ここち》よいときに「極楽《ごくらく》のようだ」ということがあります。功徳《くどく》を積《つ》んだ人が死後にいける極楽《ごくらく》とは、どのような場所なのでしょうか。

平安時代に大きな権力《けんりょく》をもった藤原道長《ふじわらのみちなが》のむすこの頼通《よりみち》が、この世に極楽浄土《ごくらくじょうど》を出現《しゅつげん》させようとつくった寺が平等院《びょうどういん》。伝説《でんせつ》の鳥である鳳凰《ほうおう》がつばさを広げたようなかたちの「鳳凰堂《ほうおうどう》」は、10円玉にもえがかれている。

仏《ほとけ》さまのすむ「浄土《じょうど》」

現代《げんだい》の日本では、一般的《いっぱんてき》に、悪いことをしたらおとされる「地獄《じごく》」と対《つい》になる世界は「極《ごく》楽《らく》」だととらえられています。極楽《ごくらく》とは、永遠《えいえん》に死ぬことなく、幸福にくらせる世界のことです。たとえば、生前によいおこないをして六道《ろくどう》のうちの天道《てんどう》にうまれかわったとします。天道《てんどう》は苦しみが少なく、寿命《じゅみょう》の長い天人のすむ世界ですが、それでもいつかは死ななければなりません。死んだら、つぎは苦しい世界にうまれかわるかもしれません。輪廻転生《りんねてんしょう》の輪《わ》のなかにいるかぎり、このなやみはなくならないのです。しかし、功徳《くどく》を積《つ》んで極楽《ごくらく》へいくことができれば、死の苦しみやなやみから解放《かいほう》されます。

じつは、「極楽《ごくらく》」はいくつもある「浄土《じょうど》」のうちのひとつでしかありません。「浄土《じょうど》」というのは仏《ほとけ》さまがつくった清《きよ》らかな世界のことで、「極楽浄土《ごくらくじょうど》」は阿弥陀如来《あみだにょらい》という仏《ほとけ》さまのすむ世界です。では、なぜ極楽《ごくらく》ばかりが人びとにしられるようになったのでしょうか。それは、日本の信仰《しんこう》の歴史《れきし》とかかわりがあります。

岩手県《いわてけん》にある毛越寺《もうつうじ》には、浄土《じょうど》を表現《ひょうげん》したとされる「浄土《じょうど》庭園」がある。

© hiro4ufl - Fotolia.com

「往生《おうじょう》する」ということ

日本に仏教《ぶっきょう》が正式に伝《つた》わったのは、飛鳥《あすか》時代だとされています。仏教《ぶっきょう》は国の平和と安定のための宗教《しゅうきょう》と考えられ、朝廷《ちょうてい》や権力者《けんりょくしゃ》によって保《ほ》護《ご》されました。僧《そう》は高い身分をあたえられ、貴《き》族《ぞく》たちのあいだに仏教《ぶっきょう》が広められました。

しかし、平安時代になると、末法思想《まっぽうしそう》という考えかたが広まりました。仏教《ぶっきょう》をひらいたお釈《しゃ》迦《か》さまが亡《な》くなったあと、2000年がたつと仏《ぶっ》教《きょう》の教えがおとろえ、世の中が乱《みだ》れる「末法《まっぽう》」の世になるという思想《しそう》です。日本では、平安時代末期《まっき》の1052年から末法《まっぽう》の世に入るとされました。ちょうどそのころ、政治《せいじ》が乱《みだ》れて戦《いくさ》がおこるようになり、社会の治安《ちあん》も悪くなりました。それにくわえて、災害《さいがい》がおこったり病気がはやったりしたため、人びとのあいだに不安《ふあん》が高まりました。このような時代に広まったのが浄土教《じょうどきょう》です。浄土教《じょうどきょう》は仏教《ぶっきょう》の教えのひとつで、念仏《ねんぶつ》をとなえて阿弥陀如来《あみだにょらい》にすがれば、死後に阿弥陀如来《あみだにょらい》のすむ極楽浄土《ごくらくじょうど》で往生《おうじょう》（うまれかわること）して幸福になれるという教えです。『往生要集《おうじょうようしゅう》』（→２巻《かん》６ページ）をかいた源信《げんしん》や、念仏《ねんぶつ》をとなえながら各地《かくち》をまわった空也《くうや》などの僧《そう》が浄土教《じょうどきょう》を広め、貴族《きぞく》をはじめとして庶《しょ》民《みん》のあいだにも浄土教《じょうどきょう》が広まりました。そして、「死後に極楽《ごくらく》へいけたら幸せ」という考えが一般《いっぱん》に定着したのだと考えられています。

国の重要文化財《じゅうようぶんかざい》に指定されている空也上人立《くうやしょうにんりゅう》像《ぞう》。空也《くうや》が「南無阿弥《なむあみ》陀仏《だぶつ》」ととなえると、ひとつひとつの音が阿弥《あみ》陀如来《だにょらい》になったという伝《でん》説《せつ》を表現《ひょうげん》している。

（写真提供：六波羅蜜寺《ろくはらみつじ》）

西方極楽浄土《さいほうごくらくじょうど》

極楽《ごくらく》は、「西方極楽浄土《さいほうごくらくじょうど》」ともよばれます。人間界から気が遠くなるほどはるか遠くはなれた西の方角にあると考えられています。

ここでは、ありとあらゆる苦しみから解放《かいほう》された、幸福な生活をおくることができます。極楽《ごくらく》には宝石《ほうせき》でかざられた建物《たてもの》や金銀でできた木があり、阿弥陀如来《あみだにょらい》を象徴《しょうちょう》する蓮《はす》などのたくさんの花がさきみだれています。心地《ここち》よい風がふくと、木々《きぎ》はすばらしい音楽のような音を奏《かな》でます。上半身が女性《じょせい》、下半身が鳥という「迦陵《かりょう》頻伽《びんが》」や鳥たちが、美しい声で仏《ほとけ》さまの教えをうたいながら空を舞《ま》っています。だれもが美しいすがたにうまれかわり、食べるものも着るものも、すきなだけ手に入ります。なつかしい人と再会《さいかい》することもでき、阿弥陀如来《あみだにょらい》やほかの仏《ほとけ》さまとも親しくなることができます。そして、なやむことも死ぬこともなく、永遠《えいえん》にこの生活をつづけられるのです。

阿弥陀如来《あみだにょらい》

阿弥陀如来《あみだにょらい》は、もともと仏《ほとけ》さまだったわけではなく、むかしは法蔵《ほうぞう》という名前の菩《ぼ》薩《さつ》（→15ページ）でした。成仏《じょうぶつ》する（仏《ほとけ》さまになる）前の修行中《しゅぎょうちゅう》、阿弥陀如来《あみだにょらい》は「これをなしとげられなければ成仏《じょうぶつ》しない」という48のちかいをたてました。そのうち18番目のちかいは「どのような人でも、『南無阿弥陀仏《なむあみだぶつ》』ととなえたら必《かなら》ず極楽《ごくらく》へみちびく」というもので、もっとも重要《じゅうよう》なちかいだとされています。

二十五菩薩《にじゅうごぼさつ》

極楽《ごくらく》へいく予定の人が亡《な》くなったときには、おむかえがきます。そのとき、阿弥陀《あみだ》如来《にょらい》のおともをしているのが二十五菩薩《にじゅうごぼさつ》です。生前のおこないによって極楽《ごくらく》へのむかえかたがかわり、最上級《さいじょうきゅう》の「上品上生《じょうぼんじょうしょう》」では阿弥陀如来《あみだにょらい》と二十五菩薩《にじゅうごぼさつ》が全員でむかえにきてくれます。「中品中生《ちゅうぼんちゅうしょう》」の人には阿《あ》弥陀如来《みだにょらい》はきてくれますが、おとものの菩薩《ぼさつ》は少ないようです。また、阿弥陀《あみだ》如来《にょらい》は悪人でもすくってくれますが、「下品下生《げぼんげしょう》」の人間は、菩薩《ぼさつ》の声のみのおむかえになります。

十王《じゅうおう》の正体は仏《ほとけ》さま？

人は死ぬと十王《じゅうおう》によって
来世のうまれかわる世界を決められますが、
なぜ何回も裁判《さいばん》をうけなければならないのでしょうか。

十王信仰《じゅうおうしんこう》のうつりかわり

死んだ人は冥土《めいど》へいき、生前のおこないについて十王《じゅうおう》による裁判《さいばん》をうけるとする思想《しそう》（十王信仰《じゅうおうしんこう》）は、平安時代末期《まっき》に中国から伝《つた》わってきたものです。閻魔王《えんまおう》をはじめとした十《じゅう》王《おう》は、みなおそろしいすがたをしており、生前の罪《つみ》からのがれようとする死者たちのうそを、さまざまな方法《ほうほう》でみぬこうとします。しかしその後の日本で、十王《じゅうおう》の本当のすがたは仏《ほとけ》さまだという考えがうまれました。何回も裁判《さいばん》をくりかえし、遺族《いぞく》からの追善供養《ついぜんくよう》があればつぎの裁判《さいばん》をうけられるようにするのは、すべての人をできるだけよい世界へうまれかわらせてやろうという、慈悲《じひ》の心のあらわれなのです。

秦広王《しんこうおう》→不動明王《ふどうみょうおう》

死んだ人が一番はじめにであう秦広王《しんこうおう》の本来のすがた（本地仏《ほんじぶつ》）は、不動明王《ふどうみょうおう》です。左手にもつ羂索《けんさく》は、悪をしばりつけ、人びとをすくいとるためのなわです。おそろしいすがたと武器《ぶき》であらゆる悪を打《う》ちくだき、せなかの炎《ほのお》で人間の悪い心を焼《や》きつくしてくれます。

初江王《しょこうおう》→

釈迦如来《しゃかにょらい》

死後14日目にであう初江王《しょこうおう》は、釈迦如来《しゃかにょらい》の化身《けしん》です。ほかの仏《ほとけ》さまとちがい、釈迦如《しゃかにょ》来《らい》は本当に存在《そんざい》した人物です。釈迦如来《しゃかにょらい》は、仏教《ぶっきょう》をひらいたお釈迦《しゃか》さまがさとりをひらいたすがたなのです。お釈迦《しゃか》さまは古代インドの王子で、ゴータマ・シッダールタという名前をもっていました。

宋帝王《そうたいおう》→

文殊菩薩《もんじゅぼさつ》

死後21日目に裁判《さいばん》をおこなう宋帝王《そうたいおう》の本《ほん》地仏《じぶつ》は、知恵《ちえ》をつかさどる文殊菩薩《もんじゅぼさつ》です。百《ひゃく》獣《じゅう》の王である獅子《しし》にのり、あふれる知恵《ちえ》で人びとを正しい道にみちびくとされています。

伍官王《ごかんおう》→

普賢菩薩《ふげんぼさつ》

死後28日目に登場する伍官王《ごかんおう》は、普賢菩《ふげんぼ》薩《さつ》の化身《けしん》です。普賢菩《ふげんぼ》薩《さつ》は、理性《りせい》と慈悲《じひ》をつかさどる仏《ほとけ》さまです。文殊菩薩《もんじゅぼさつ》とともに釈迦《しゃか》如来《にょらい》につきしたがうことも多く、3体がひと組になった仏像《ぶつぞう》は「釈《しゃ》迦三尊像《かさんぞんぞう》」とよばれています。

閻魔王《えんまおう》→

地蔵菩薩《じぞうぼさつ》

冥土《めいど》の王ともいわれる閻魔王《えんまおう》は、じつはすがたをかえた地蔵菩薩《じぞうぼさつ》です。地蔵菩薩《じぞうぼさつ》は、六《ろく》道《どう》を輪廻転生《りんねてんしょう》して苦しむ人びとをすくってくれる仏《ほとけ》さまです。地獄《じごく》の罪人《ざいにん》や賽《さい》の河原《かわら》の子どもたちをすくってくれることから、むかしから多くの人びとに信《しん》仰《こう》されてきました。

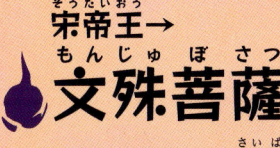

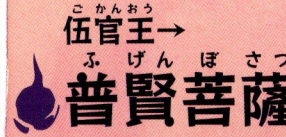

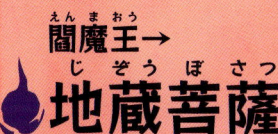

変成王《へんじょうおう》→弥勒菩薩《みろくぼさつ》

死後42日目に裁判《さいばん》をおこなう変成王《へんじょうおう》の本地仏《ほんじぶつ》は、弥勒菩薩《みろくぼさつ》です。この菩薩《ぼさつ》は、お釈迦《しゃか》さまが亡《な》くなってから56億《おく》7000万年後に如来《にょらい》となることが約束《やくそく》されている仏《ほとけ》さまです。死んで浄土《じょうど》へいけなかった人でも、弥勒菩薩《みろくぼさつ》が如来《にょらい》となったときにすくいだしてくれます。

泰山王《たいざんおう》→薬師如来《やくしにょらい》

死後49日目に最終審判《さいしゅうしんぱん》をおこなう泰山王《たいざんおう》は、薬《やく》師如来《しにょらい》の化身《けしん》だとされています。この仏《ほとけ》さまは、病気をなおしてくれたり、なやみや苦しみからときはなってくれたりと、現世《げんせ》でのさまざまな幸せをかなえてくれます（現世利益《げんせりやく》）。手にもっているのは、あらゆる病気をなおす薬の入った「薬壷《やっこ》」です。

平等王《びょうどうおう》→観音菩薩《かんのんぼさつ》

死後100日目の追加裁判《ついかさいばん》を担当《たんとう》する平《びょう》等王《どうおう》の本地仏《ほんじぶつ》は、観音菩薩《かんのんぼさつ》です。人びとの声をききとり、あらゆる災難《さいなん》や苦しみからすくってくれるという現世利益《げんせりやく》をもたらしてくれます。場所や状況《じょうきょう》におうじて、僧《そう》や子どもなど33とおりのすがたに変身《へんしん》して人びとをすくってくれます。

都市王《としおう》→勢至菩薩《せいしぼさつ》

死後１年目の死者をさばく都市王《としおう》は、勢至《せいし》菩薩《ぼさつ》の化身《けしん》です。この菩薩《ぼさつ》は観音菩薩《かんのんぼさつ》とともに、阿弥陀如来《あみだにょらい》の左右につきしたがうことが多く、３体ひと組の仏像《ぶつぞう》は「阿弥陀三尊像《あみださんぞんぞう》」といいます。知恵《ちえ》の光で人びとをてらし、なやみや苦しみからすくってくれます。

五道転輪王《ごどうてんりんおう》→阿弥陀如来《あみだにょらい》

十王《じゅうおう》の最後《さいご》の裁判《さいばん》を担当《たんとう》する五道転輪王《ごどうてんりんおう》の本地仏《ほんじぶつ》は、阿弥陀如来《あみだにょらい》です。ここまで追加裁《ついかさい》判《ばん》をしてもらった死者たちも、ようやく行き先が決まりますが、最終的《さいしゅうてき》に判断《はんだん》をくだすのは極楽浄土《ごくらくじょうど》へとみちびいてくれる阿弥陀如来《あみだにょらい》なのです。

仏《ほとけ》さまの区分

仏教《ぶっきょう》は、教えの真理《しんり》を理解《りかい》する（「さとりをひらく」といいます）ことを最大《さいだい》の目標《もくひょう》としており、さとりをひらいた人を「仏《ほとけ》さま」とよんでいます。仏《ほとけ》さまは、如来《にょらい》・菩薩《ぼさつ》・明王《みょうおう》・天《てん》という４区分に大きくわけられます。厳密《げんみつ》に仏《ほとけ》さまといえるのは如来《にょらい》だけですが、一般的《いっぱんてき》には菩薩《ぼさつ》や明王《みょうおう》、天《てん》も仏《ほとけ》さまとよばれます。

【如来《にょらい》】さとりをひらいた人。仏教《ぶっきょう》における最高《さいこう》の存在《そんざい》。

【菩薩《ぼさつ》】さとりをひらくために修行《しゅぎょう》をしている人。

【明王《みょうおう》】おそろしいすがたでしかりつけてでも、人びとを正しい道にみちびこうとする存在《そんざい》。

【 天《てん》 】仏《ほとけ》さまの守り神。もとはインドの神さま。

極楽以外《ごくらくいがい》の死後の世界

極楽《ごくらく》は阿弥陀如来《あみだにょらい》がつくった浄土《じょうど》ですが、そのほかの如来《にょらい》や菩薩《ぼさつ》がつくった浄土《じょうど》もあります。また、仏教伝来以前《ぶっきょうでんらいいぜん》から信《しん》じられてきた、日本独特《どくとく》の「あの世」もあります。

極楽以外《ごくらくいがい》の浄土《じょうど》

阿弥陀如来《あみだにょらい》のすむ極楽《ごくらく》は西の方角にあるとされますが、仏《ほとけ》さまがつくった浄土《じょうど》は東西南北や上下など、あらゆる方角にあると考えられています。これを十方浄土《じっぽうじょうど》といいます。東の方角には薬師如来《やくしにょらい》の「東方浄瑠璃世界《とうほうじょうるり》」や阿閦如来《あしゅくにょらい》の「東方妙喜世界《とうほうみょうき》」、南の海上には観音菩薩《かんのんぼさつ》の「補《ふ》陀落山《だらくせん》」、天上には弥勒菩薩《みろくぼさつ》の「兜率浄土《とそつじょうど》（兜《と》率天《そつてん》の内院《ないいん》）」があります。また、極楽《ごくらく》とおなじ西の方角には釈迦如来《しゃかにょらい》の「無勝荘厳国《むしょうしょうごんこく》」もあるとされます。

そのほか、お釈迦《しゃか》さまがよく説法《せっぽう》（仏教《ぶっきょう》の教えをといてきかせること）をした霊鷲山《りょうじゅせん》を浄土《じょうど》とする「霊山浄土《りょうぜんじょうど》」や、宇宙《うちゅう》をつかさどる毘盧《びる》遮那仏《しゃなぶつ》がすむ「蓮華蔵《れんげぞう》世界」が宇宙《うちゅう》の中心にあるとする信仰《しんこう》もあります。

兜《と》率《そつ》浄《じょう》土《ど》
人間界
東方《とうほう》
浄《じょう》瑠《る》璃《り》世界
東方《とうほう》妙《みょう》喜《き》世界

山上他界《さんじょうたかい》

日本には、仏教的《ぶっきょうてき》な「浄土《じょうど》」のほかにも、死後にたましいがいくとされる世界（他界《たかい》）があるという民間信仰《みんかんしんこう》もあります。「黄泉《よみ》の国《くに》」とよばれる地中他界《ちちゅうたかい》のほか、地域《ちいき》によって山上《さんじょう》・山中他界《さんちゅうたかい》や海上他界《かいじょうたかい》などがあります。

山上他界《さんじょうたかい》の思想《しそう》というのは、死んだ人のたましいは山をのぼり、高いところから子孫《しそん》をみまもるという考えかたです。また、山そのものを他界《たかい》とする山中他界《さんちゅうたかい》もあり、富士山《ふじさん》や立山《たてやま》などの山岳信仰《さんがくしんこう》、そして山に入って修行《しゅぎょう》をする修験道《しゅげんどう》がうまれました。山地の多い日本で広く信《しん》じられてきた思想《しそう》です。

富士山《ふじさん》、白山《はくさん》とならんで日本三大霊山《れいざん》とされる立山《たてやま》と、その火山湖《かざんこ》である「みくりが池」。池の水をつかって神さまにささげる料理《りょうり》をつくったことから、「神さまの台所」を意味する「みくり」の名がつけられた。

東京都《とうきょうと》の高尾山《たかおさん》は、古来から修《しゅ》験道《げんどう》の修行《しゅぎょう》場所としてしられてきた。高尾山《たかおさん》にのこる伝説《でんせつ》の天狗《てんぐ》は、修行《しゅぎょう》をする山伏《やまぶし》ともいわれる。（写真提供：髙尾山薬王院《たかおさんやくおういん》）

海上他界《かいじょうたかい》

いっぽう、海辺《うみべ》の地域《ちいき》では、海のはるかかなたや海のなかに他界《たかい》があると信《しん》じられてきました。古代の日本では「常世《とこよ》」とよばれましたが、仏教《ぶっきょう》が入ってきたのちには「補陀落《ふだらく》(浄土《じょうど》)」とよばれるようになりました。また、沖縄《おきなわ》地方や鹿児島県《かごしまけん》奄美諸島《あまみしょとう》などでは、東の水平線のかなた*に「ニライカナイ」という他界《たかい》があるとされます。浦島太郎《うらしまたろう》の民話《みんわ》で有名な竜宮城《りゅうぐうじょう》も、海上他界《かいじょうたかい》のひとつです。

*ニライカナイは地底《ちてい》にあるともいわれる。

沖縄県《おきなわけん》や奄美諸島《あまみしょとう》では、ニライカナイから神さまがくるようすを再現《さいげん》した祭りがひらかれる。写真は沖縄県《おきなわけん》・黒島《くろしま》の豊年祭《ほうねんさい》で、中央（金色の服）はその年の豊作《ほうさく》・幸福をもたらすとされるミリク（弥勒《みろく》）さま。

コラム

外国の天国

日本の浄土《じょうど》や常世《とこよ》のように、幸福《こうふく》にみちた他界《たかい》があるという思想《しそう》は世界じゅうにあります。たとえばキリスト教の天国は、極楽《ごくらく》のようにはっきりとした定義《ていぎ》があるわけではありませんが、神さまと天使《てんし》たちがすむ世界と考えられています。天使《てんし》は神さまと人間のあいだをとりもつ聖《せい》なる存在《そんざい》で、四大天使《よんだいてんし》ともよばれるミカエル、ガブリエル、ラファエル、ウリエルがとくにしられています。キリスト教では、この世の終わりの「最後《さいご》の審判《しんぱん》」のときにすべての死者がよみがえり、善良《ぜんりょう》なキリスト教信者《しんじゃ》は天国で永遠《えいえん》の命をえることができるとされています。

キリスト教の教会には、天国のようすをえがいた天井画《てんじょうが》や壁画《へきが》があるところもある。写真はイタリアのシスティーナ礼拝堂《れいはいどう》の壁画《へきが》で、ミケランジェロがえがいた『最後《さいご》の審判《しんぱん》』。

天使《てんし》のガブリエルは、イエス・キリストの母マリアに、キリストがうまれることをしらせるという役目《やくめ》をはたしたとされ、多くの宗教絵画《しゅうきょうかいが》にえがかれた。写真はレオナルド・ダ・ヴィンチの『受胎告知《じゅたいこくち》』。

北ヨーロッパに古くから伝《つた》わる神話《しんわ》では、神さまたちのすむ世界は「アースガルズ」とよばれています。そこにある最高神《さいこうしん》オーディンの宮殿《きゅうでん》は「ヴァルハラ」といい、勇《ゆう》かんに戦《たたか》って死んだ人だけがいくことのできる場所です。古代の北ヨーロッパでは、戦《たたか》って死ぬことは名誉《めいよ》なことだとされていました。

ギリシャ神話《しんわ》でも、神さまたちに愛《あい》された英《えい》雄《ゆう》だけがいくことのできる楽園「エリュシオン」があるとされました。海のかなたにあり、気候《きこう》が温暖《おんだん》でよい香《かお》りにみちた場所といわれます。のちに、正しいおこないをした人間がいくことのできる、死者の国の一部と考えられるようになりました。

スイス人画家のカルロス・シュヴァーベがえがいた『エリュシオンの野』。

古代エジプトでは、人間は死後に神さまの審判《しんぱん》をうけ、正しい者だと判断《はんだん》されたら「イアル（アアル）の野」とよばれる楽園へいき、生きかえることができると考えられていました。ただし、肉体がほろびると復活《ふっかつ》もできないために、ミイラづくりがおこなわれるようになったのです。イアルの野は水が豊《ゆた》かで土地がこえており、復活《ふっかつ》した人は農業《のうぎょう》をしながら神さまに守られて平和にくらすことができるとされています。

エジプトで死者とともに埋葬《まいそう》された『死者の書』には、死者のたましいがイアルの野へいくためにおこなうべきことなどが書いてある。この部分には、死者の国の王で死と復活《ふっかつ》をつかさどる神オシリス（玉座《ぎょくざ》にすわっている）や、死者が正しい心をもっているかどうか、心臓《しんぞう》をはかりにかけてしらべている場面がえがかれている。

極楽往生《ごくらくおうじょう》を願《ねが》った風習

人びとは念仏《ねんぶつ》をとなえたり、儀式《ぎしき》をおこなったりすることで、死後に極楽《ごくらく》へいくことを願《ねが》ってきました。
古くには、命がけでおこなわれる風習もありました。

補陀落渡海《ふだらくとかい》

むかしの日本では、海のかなたにあるとされる補陀落《ふだらく》をめざして、屋形船《やかたぶね》で海にでていくという風習がありました。これを「補陀落渡海《ふだらくとかい》」といいます。四国《しこく》の足摺岬《あしずりみさき》や室戸岬《むろとざき》などからもおこなわれた記録《きろく》がのこっていますが、半数以上《いじょう》は紀伊半《きいはん》島《とう》の那智《なち》の浜《はま》からおこなわれました。補陀落渡海《ふだらくとかい》は、僧《そう》の修行《しゅぎょう》のひとつとしておこなわれたものです。最初《さいしょ》は生きたまま船《ふね》にのってもどってこないものでしたが、江戸《えど》時代には死者を生きているようにあつかい、補陀落渡海《ふだらくとかい》の形式にのっとって水葬《すいそう》するものになりました。

那智《なち》の浜《はま》のすぐ前に位置《いち》する補陀落山寺《ふだらくさんじ》は、補陀落渡《ふだらくと》海《かい》の出発点だったことでしられる。
（撮影：楠本弘児）

渡海船《とかいせん》に、約《やく》30日分の食べものを積《つ》みこみ、外からくぎを打ちつけて航海《こうかい》にでたとされている。　（撮影：楠本弘児）

練供養《ねりくよう》

浄土《じょうど》から阿弥陀如来《あみだにょらい》と二十五菩《にじゅうごぼ》薩《さつ》が死者をむかえにくるようすを再現《さいげん》した仏教《ぶっきょう》行事です。金色の面をつけてきらびやかな衣装《いしょう》をきた仏《ほとけ》さまが、人びとがみまもるなかをねり歩きます。なかでも、奈良《なら》県《けん》・當麻寺《たいまでら》の「聖衆来迎練供養会《しょうじゅらいごうねりくようえ》式《しき》」が有名です。源信《げんしん》（→2巻《かん》6ページ）が比叡山《ひえいざん》でおこなったのが最初《さいしょ》とされており、その後は源《げん》信《しん》の故郷《こきょう》にある當麻寺《たいまでら》でおこなわれるようになったという、1000年の歴史《れきし》をもつ行事です。

當麻寺《たいまでら》の練供養《ねりくよう》は、中将姫《ちゅうじょうひめ》（→28ページ）の命日である5月14日におこなわれる。
（写真提供：當麻寺《たいまでら》）

善光寺《ぜんこうじ》の御印文頂戴《ごいんもんちょうだい》

長野県《ながのけん》の善光寺《ぜんこうじ》は、宗派《しゅうは》や性別《せいべつ》にかかわらず、すべての人をすくってくれる寺院《じいん》としてしられており、古くから庶民《しょみん》の信仰《しんこう》を集めてきました。善《ぜん》光寺《こうじ》の正月行事のうち「御印文頂戴《ごいんもんちょうだい》」という行事では、善光寺《ぜんこうじ》の本尊《ほんぞん》の分身といわれる3つのはんこ（御印文《ごいんもん》）が参拝者《さんぱいしゃ》の頭におしあてられます。このはんこをからだにおしてもらうと、極楽往生《ごくらくおうじょう》が約束《やくそく》されると信《しん》じられています。

善光寺《ぜんこうじ》の本尊《ほんぞん》は、仏教伝来《ぶっきょうでんらい》のときに日本に伝《つた》わった日本最古《さいこ》の仏像《ぶつぞう》ともいわれている。御印文頂戴《ごいんもんちょうだい》は1年に1回、短い期間しかおこなわれないため、多くの参拝者《さんぱいしゃ》が長い列をつくる。
（写真提供：善光寺《ぜんこうじ》）

熊野比丘尼《くまのびくに》

紀伊半島《きいはんとう》の南部は「熊野《くまの》」とよばれ、古代から神聖《しんせい》な土地とされてきました。古代から「熊野三山《くまのさんざん》」とよばれる熊野本宮大社《くまのほんぐうたいしゃ》・熊野《くまの》速玉大社《はやたまたいしゃ》・熊野那智大社《くまのなちたいしゃ》の３つの神社があり、日本古来の神さまを祀《まつ》っていました。その後、この神さまと仏教《ぶっきょう》の仏《ほとけ》さまがむすびつき（神仏習合《しんぶつしゅうごう》）、山岳信仰《さんがくしんこう》の修行《しゅぎょう》の地ともされ、浄土教《じょうどきょう》の広がりとともに熊野《くまの》自体が浄土《じょうど》とみなされるようになりました。

参拝者《さんぱいしゃ》が列をつくって参拝《さんぱい》するようすから「蟻《あり》の熊野参《くまのまい》り」ということばまでできるほど信仰《しんこう》を集めた熊野《くまの》ですが、熊野信仰《くまのしんこう》が全国に広まったのは、女性《じょせい》たちの力も大きいといわれています。熊野三山《くまのさんざん》に所属《しょぞく》した女性《じょせい》の僧《そう》である「熊野比丘尼《くまのびくに》」は、戦国《せんごく》時代から江戸《えど》時代にかけて全国をわたり歩きました。そして、熊野信仰《くまのしんこう》を人びとに伝《つた》えながら、人びとから熊野《くまの》への寄付《きふ》を集めていました。

熊野三山《くまのさんざん》や高野山《こうやさん》などの山岳霊場《さんがくれいじょう》と、そこにむかうための道は「紀伊山地《きいさんち》の霊場《れいじょう》と参詣道《さんけいみち》」として世界文化遺産《いさん》に登録《とうろく》されている。熊野三山《くまのさんざん》へむかう道は「熊野古道《くまのこどう》」とよばれ、石だたみがしかれている。

熊野三山《くまのさんざん》のひとつ、熊野那智大社《くまのなちたいしゃ》。

曼荼羅《まんだら》絵とき

熊野比丘尼《くまのびくに》は、「熊野観心十界曼荼羅《くまのかんじんじっかいまんだら》」とよばれる絵をもち歩き、人びとにこの絵をみせながら、熊野《くまの》の信仰《しんこう》や仏教《ぶっきょう》についてわかりやすく説明《せつめい》していました。これを「絵とき」といいます。

画面上部には人の一生が、中央には仏《ほとけ》さまを中心とした世界が、そして下のほうには地獄《じごく》のようすがえがかれています。歌をうたいながら絵ときをする比丘尼《びくに》もおり、「歌比丘尼《うたびくに》」ともよばれました。

熊野比丘尼《くまのびくに》が全国をまわっていたため、熊野観心十界曼荼羅《くまのかんじんじっかいまんだら》は全国各地《かくち》に現存《げんそん》する。　（写真提供：兵庫県立歴史博物館《ひょうごけんりつれきしはくぶつかん》）

この世でみられる極楽《ごくらく》

日本では、極楽浄土《ごくらくじょうど》や仏《ほとけ》さまのすがたを目でみて、心にえがきやすくするような絵や彫刻《ちょうこく》などが、さかんにつくられました。国宝《こくほう》や重要文化財《じゅうようぶんかざい》に指定されているものも数多くのこっています。

阿弥陀如来立像《あみだにょらいりゅうぞう》

（鎌倉《かまくら》時代　東京国立博物館所蔵《とうきょうこくりつはくぶつかんしょぞう》
重要文化財《じゅうようぶんかざい》）

鎌倉《かまくら》時代の1259年につくられたとされる、阿弥陀如来《あみだにょらい》の仏像《ぶつぞう》です。真観《しんかん》という僧《そう》がさまざまな願《ねが》いをこめて、当時21さいの永仙《えいせん》という職人《しょくにん》につくらせたことや、京都《きょうと》の一切経谷《いっさいきょうだに》というところの木をつかって彫刻《ちょうこく》したことなど、像《ぞう》の内部に書かれた文字からくわしいことがわかっています。

阿弥陀如来《あみだにょらい》のすがたは、さとりをひらいた存在《そんざい》であることをしめす特《とく》ちょうをもっている。つぶつぶがたくさんついているようにみえる髪《かみ》の毛《け》は「螺髪《らほつ》」といって、毛がまき貝のようにうずをまいている。また、てっぺんのこぶは「肉髻《にくけい》」といって、如来《にょらい》の知恵《ちえ》を象徴《しょうちょう》するもの。眉間《みけん》には「白毫《びゃくごう》」とよばれる、右まきにまるまった白く長い毛がついている。

如来《にょらい》は、かざりなどはあまり身につけず、質素《しっそ》な身なりをしている。

如来《にょらい》は、蓮《はす》の花をかたどった台（蓮華座《れんげざ》）の上にたっている。泥《どろ》のなかから美しい花をさかせる蓮《はす》の花は、とうとい花だとされている。

如来《にょらい》は、からだから知恵《ちえ》の光（後光《ごこう》）をはなつとされている。これをあらわしたものが、仏像《ぶつぞう》のうしろにあるかざりで、「光背《こうはい》」という。

如来《にょらい》は、それぞれ独特《どくとく》な手のかたちをしている（印相《いんぞう》）。阿弥陀如来《あみだにょらい》の印相《いんぞう》は「九品印《くほんいん》」とよばれ、指《ゆび》で輪《わ》をつくった9種類《しゅるい》のかたちがある。この像《ぞう》は親指と人さし指で輪《わ》をつくり、右手を胸《むね》の前に上げて左手をたらしているので、「上品下生《じょうぼんげしょう》」のかたち。たっている阿弥陀如来《あみだにょらい》像《ぞう》はこの印相《いんぞう》をむすんでいることが多く、「来迎印《らいごういん》」ともよばれる。

（写真提供：Image: TNM Image Archives）

當麻曼荼羅《たいままんだら》（貞享本《じょうきょうぼん》）

（江戸《えど》時代　當麻寺所蔵《たいまでらしょぞう》）

當麻曼荼羅《たいままんだら》というのは、奈良県《ならけん》の當麻寺《たいまでら》に伝《つた》わる極《ごく》楽浄土《らくじょうど》をえがいた絵です。この絵が寺に伝《つた》わった歴史《れきし》として、つぎのような伝説《でんせつ》があります。

奈良《なら》時代、都に中将姫《ちゅうじょうひめ》という、信仰心《しんこうしん》があつく美しい貴族《きぞく》のむすめがいました。おさないころに母を亡《な》くした中将姫《ちゅうじょうひめ》は、まま母に命をねらわれ、山にかくれすむようになりました。その後、父と再会《さいかい》して都にもどりましたが、姫《ひめ》は観音菩薩《かんのんぼさつ》につかえるために當麻寺《たいまでら》をおとずれ、出家《しゅっけ》をゆるされます。ある日、年老《としお》いた尼《あま》（出家《しゅっけ》した女《じょ》性《せい》）が姫《ひめ》に「蓮《はす》のくきを集めなさい」とつげます。姫《ひめ》が集めた蓮《はす》のくきから取りだした糸は、井戸《いど》の水で清《きよ》めると五色にそめられました。すると若《わか》い女性《じょせい》があらわれ、その糸をつかい、姫《ひめ》とともにひと晩《ばん》で巨大《きょだい》な織物《おりもの》をしあげました。これが當麻曼荼羅《たいままんだら》です。尼《あま》は阿弥陀如来《あみだにょらい》、若《わか》い女性《じょせい》は観音菩薩《かんのんぼさつ》の化身《けしん》だったのでした。姫《ひめ》はこの曼荼《まんだ》羅《ら》で人びとに仏教《ぶっきょう》の教えを伝《つた》えました。そして29さいの春、阿弥陀如来《あみだにょらい》や二十五菩薩《にじゅうごぼさつ》にむかえられ、生きたまま西方極楽浄土《さいほうごくらくじょうど》へ旅だったとされています。

當麻寺最古《たいまでらさいこ》の僧坊《そうぼう》（寺院内《じいんない》にある僧《そう》のすむ家屋）である中之坊《なかのぼう》では、中《ちゅう》将姫《じょうひめ》の守り本尊《ほんぞん》である「導《みちび》き観音《かんのん》さま」を祀《まつ》っている。

（写真提供：當麻寺《たいまでら》）

江戸《えど》時代につくられた當麻曼荼羅《たいままんだら》の写し（貞享《じょうきょう》本《ぼん》）。室町《むろまち》時代につくられた写しは當麻曼荼羅《たいままんだら》（文亀本《ぶんきぼん》）といい、重要文化財《じゅうようぶんかざい》となっている。

（写真提供：奈良国立博物館《ならこくりつはくぶつかん》）

全巻《ぜんかん》さくいん・用語解説《かいせつ》

見方

あ ―― 行

アースガルズ……❸P21

さくいん語　巻数《かんすう》　ページ数

❶ 死んだらどこにいくの？
❷ 地獄《じごく》ってどんなところ？
❸ 極楽《ごくらく》ってどんなところ？

あ

アースガルズ……❸P21
芥川龍之介《あくたがわりゅうのすけ》……❶P18
阿閦如来《あしゅくにょらい》……❸P16
阿鼻地獄《あびじごく》……❷P22
阿弥陀如来《あみだにょらい》……❸P6、7、8、10、11、15、16、23、26、27、28
イアル（アアル）の野……❸P21
イザナギ……❶P6、7、24
イザナミ……❶P6、7、24
イスラム教……❷P7
猪目洞窟《いのめどうくつ》……❶P25
ヴァルハラ……❸P21
絵とき……❸P25
エリュシオン……❸P21
衣領樹《えりょうじゅ》……❶P9
閻魔王《えんまおう》（閻魔《えんま》さま）……❶P12、13、14、22、23、26、28、❷P25、❸P13
閻魔帳《えんまちょう》……❶P12
『往生要集《おうじょうようしゅう》』……❶P28、❷P6、7、❸P7
オーディン……❸P21
小栗判官《おぐりはんがん》……❶P22
恐山《おそれざん》……❶P25
小野篁《おののたかむら》……❶P13、24

か

海上他界《かいじょうたかい》……❸P18、19
餓鬼道《がきどう》……❶P16、17
迦陵頻伽《かりょうびんが》……❸P8
観音菩薩《かんのんぼさつ》……❸P10、14、16、28
叫喚地獄《きょうかんじごく》……❷P14、16、28
キリスト教……❷P7、❸P20
空也《くうや》……❸P7
倶生神《くしょうじん》……❶P12、29
功徳《くどく》……❶P8、9、23、❸P6
▶現世《げんせ》や来世に幸福をもたらすもとになる、よいおこないのこと。
熊野《くまの》……❸P24
熊野観心十界曼荼羅《くまのかんじんじっかいまんだら》……❸P25
熊野古道《くまのこどう》……❸P24
熊野三山《くまのさんざん》……❸P24
熊野比丘尼《くまのびくに》……❸P24
『蜘蛛《くも》の糸《いと》』……❶P18
懸衣翁《けんえおう》……❶P9
源信《げんしん》……❷P6、❸P7、23
御印文頂戴《ごいんもんちょうだい》……❸P23
高野山《こうやさん》……❶P25、❸P24
五戒《ごかい》……❶P8
▶殺生《せっしょう》（生物の命をうばうこと）をしない、ぬすまない、みだらなおこないをしない、うそをつかない、酒《さけ》を飲まないという5つのいましめ。
伍官王《ごかんおう》……❶P11、❸P13
黒縄地獄《こくじょうじごく》……❷P10、13
獄卒《ごくそつ》……❶P9、13、28、❷P9、10、13、14、18、20、22、26、28、29
▶地獄《じごく》にいて、罪《つみ》をおかした死者に責《せ》め苦《く》をあたえる鬼《おに》。
国宝《こくほう》……❶P28、❷P26、❸P26
極楽《ごくらく》（極楽浄土《ごくらくじょうど》・西方極楽浄土《さいほうごくらくじょうど》）……❶P16、20、28、❷P6、28、❸P6、7、8、10、11、15、16、20、22、23、26、28
『古事記《こじき》』……❶P6、24
牛頭《ごず》……❶P13
五道転輪王《ごどうてんりんおう》……❶P15、❸P15
『今昔物語集《こんじゃくものがたりしゅう》』……❶P13

さ

『最後《さいご》の審判《しんぱん》』……❷P7、❸P20
賽《さい》の河原《かわら》……❶P9、25、❸P13
榊鬼《さかきおに》……❷P24
山岳信仰《さんがくしんこう》……❸P18
山上他界《さんじょうたかい》……❸P18
三途《さんず》の川《かわ》……❶P9、10、25、❷P28
山中他界《さんちゅうたかい》……❸P18
地獄《じごく》（地獄道《じごくどう》）……❶P16、17、18、20、24、28、❷P6、7、8、9、10、13、16、18、20、22、25、26、27、28、❸P6、25
『地獄草紙《じごくぞうし》』……❷P26
地蔵菩薩《じぞうぼさつ》（お地蔵《じぞう》さま）……❶P25、❸P13
十方浄土《じっぽうじょうど》……❸P16
死出《しで》の山《やま》……❶P8、❷P28
釈迦如来《しゃかにょらい》（お釈迦《しゃか》さま）……❶P18、❸P13、14、16
写経《しゃきょう》……❶P21
▶仏教《ぶっきょう》のお経《きょう》を書き写すこと。写経《しゃきょう》をすることで功徳《くどく》を積《つ》めるとされている。
十王《じゅうおう》……❶P8、16、❷P28、❸P12
衆合地獄《しゅうごうじごく》……❷P13、14
重要文化財《じゅうようぶんかざい》……❶P26、❸P7、28
重要無形民俗文化財《じゅうようむけいみんぞくぶんかざい》……❷P24、25
修験道《しゅげんどう》……❸P18

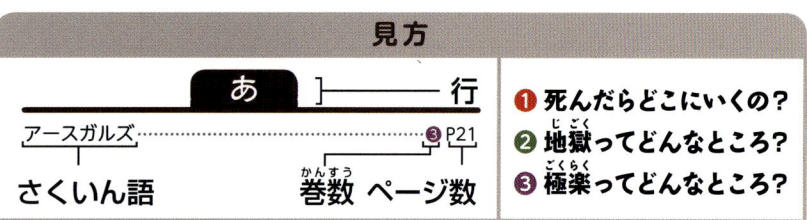

修羅道《しゅらどう》……❶P16、17、22
小地獄《しょうじごく》……❷P27
浄土《じょうど》……❸P6、14、16、18、20、23
浄土教《じょうどきょう》……❸P7
焦熱地獄《しょうねつじごく》……❷P18、20
浄玻璃《じょうはり》の鏡《かがみ》……❶P12、28
初江王《しょこうおう》……❶P10、❸P13
秦広王《しんこうおう》……❶P8、9、10、❸P12
神仏習合《しんぶつしゅうごう》……❸P24
神話《しんわ》……❶P6、❷P25、❸P21
水葬《すいそう》……❸P22
▶遺体《いたい》を海や川に流し、しずめるほうむりかた。
勢至菩薩《せいしぼさつ》……❸P10、15
善光寺《ぜんこうじ》……❸P23
宋帝王《そうたいおう》……❶P11、❸P13

た

大叫喚地獄《だいきょうかんじごく》……❷P16、18
泰山王《たいざんおう》……❶P14、❸P14
大焦熱地獄《だいしょうねつじごく》……❷P20、22
當麻寺《たいまでら》……❸P23、28
當麻曼荼羅《たいままんだら》……❸P28
他界《たかい》……❸P18、19、20
奪衣婆《だつえば》……❶P9、10
畜生道《ちくしょうどう》……❶P16
地中他界《ちちゅうたかい》……❸P18
中陰《ちゅういん》……❶P8、16
中将姫《ちゅうじょうひめ》……❸P23、28
追善供養《ついぜんくよう》……❶P8、15、❸P12
▶死者の冥福《めいふく》（冥土《めいど》での幸福）をいのって、遺族《いぞく》が供養《くよう》をおこなうこと。
照手姫《てるてひめ》……❶P22、23
田楽《でんがく》……❷P25
▶歌や音楽にあわせて舞《ま》いおどる、平安時代から伝《つた》わる民間芸能《みんかんげいのう》。田植《たう》えのときに、神さまを祀《まつ》って歌や舞《まい》をおこなったのがもととなった。
天国……❸P20
天道《てんどう》……❶P16、17、❸P6
天人……❶P17、❸P6
等活地獄《とうかつじごく》……❷P9、10
東方浄瑠璃世界《とうほうじょうるりせかい》……❸P16、17
東方妙喜世界《とうほうみょうきせかい》……❸P16、17
常世《とこよ》……❸P19、20
都市王《としおう》……❶P15、❸P15
兜率浄土《とそつじょうど》……❸P16、17
豊橋鬼祭《とよはしおにまつり》……❷P25
鳥辺野《とりべの》……❶P24

な

ナマハゲ……❷P24
二十五菩薩《にじゅうごぼさつ》……❸P11、23、28
『日本霊異記《にほんりょういき》』……❶P20
ニライカナイ……❸P19
人間道《にんげんどう》……❶P16
人頭杖《にんとうじょう》（檀拏幢《だんだとう》）……❶P12、29
根《ね》の国《くに》……❶P6
練供養《ねりくよう》……❸P23
念仏《ねんぶつ》……❶P28、❷P6、❸P7
登別地獄《のぼりべつじごく》まつり……❷P25

は

八大地獄《はちだいじごく》……❷P8、22、26、28
花祭……❷P24
比叡山《ひえいざん》……❶P25、❸P23
平等王《びょうどうおう》……❶P15、❸P14
毘盧遮那仏《びるしゃなぶつ》……❸P16
普賢菩薩《ふげんぼさつ》……❸P10、13
補陀落《ふだらく》（浄土《じょうど》）……❸P19、22
補陀落山《ふだらくせん》……❸P16
補陀落渡海《ふだらくとかい》……❸P22
仏教《ぶっきょう》……❶P8、16、20、❷P6、7、❸P7、15、23、24
不動明王《ふどうみょうおう》……❸P12
変成王《へんじょうおう》……❶P14、❸P14
菩薩《ぼさつ》……❸P10、15
本地仏《ほんじぶつ》……❸P12、13、14、15
本尊《ほんぞん》……❶P26、❸P23、28
▶信仰《しんこう》や祈《いの》りの対象《たいしょう》として、その寺《じ》院《いん》でもっとも大切な像《ぞう》や絵画《かいが》。

ま

末法思想《まっぽうしそう》……❸P7
満中陰《まんちゅういん》……❶P8、14
冥官《みょうかん》……❶P12、13、28
弥勒菩薩《みろくぼさつ》……❸P14、16
無勝荘厳国《むしょうしょうごんこく》……❸P16
冥土《めいど》……❶P8、9、13、18、24、❸P12
馬頭《めず》……❶P13
文殊菩薩《もんじゅぼさつ》……❸P13

や

薬師如来《やくしにょらい》……❸P14、16
黄泉《よみ》の国《くに》……❶P6、20、21、24、❸P18
黄泉比良坂《よもつひらさか》……❶P24
四大天使《よんだいてんし》……❸P20

ら

竜宮城《りゅうぐうじょう》……❸19
霊山浄土《りょうぜんじょうど》……❸16
輪廻転生《りんねてんしょう》……❷P7、❸P6、13
▶人が死んではうまれかわり、何度も生と死をくり返すこと。
蓮華蔵世界《れんげぞう》……❸P16
六道《ろくどう》……❶P16、28、❷P6、28、❸P6、13
六道珍皇寺《ろくどうちんのうじ》……❶P24
六道《ろくどう》の辻《つじ》……❶P24

■監修

松尾　恒一（まつお　こういち）

1963年東京都生まれ。國學院大學大学院文学研究科博士後期課程修了。國學院大学文学部助教授、同日本文化研究所兼担助教授等を経て、現在、国立歴史民俗博物館・総合研究大学院大学教授。民俗芸能学会、芸能史研究会、日本民俗学会、儀礼文化学会会員。民間宗教や宗教儀礼・芸能史を専門としており、著書に『延年の芸能史的研究』（岩田書院）、『物部の民俗といざなぎ流』（吉川弘文館）、『儀礼から芸能へ 狂騒・憑依・道化』（角川書店）などがある。

■絵

宮嶋　友美（みやじま　ともみ）

1975年茨城県生まれ。イラストレーター、挿絵画家、絵本作家。絵本に『そばだんご』『つぶときつねのはしりっこ』（アスラン書房）、絵を担当した作品に『よんでしらべて時代がわかる ミネルヴァ 日本歴史人物伝　与謝野晶子』『みたい！しりたい！しらべたい！　日本の神さま絵図鑑③くらしを守る神さま』（ミネルヴァ書房）などがある。

■参考図書

『地獄と極楽がわかる本』 双葉社 2012年
『地獄・極楽の繪』著／真保亨・金子桂三 毎日新聞社 1984年
『日本人の地獄と極楽』著／五来重 人文書院 1991年
『地獄』著／石田瑞麿 法蔵館 1985年
『輪廻と解脱』著／花山勝友 講談社 1989年
『地獄の本』 洋泉社 2012年
『新装版［図解］仏像のすべて』監修／花山勝友 PHP研究所 2008年
『でかける・感じる・きっと出会える　仏像の旅』監修／西山厚 山と渓谷社 2010年
『「天国」と「地獄」がよくわかる本　千年王国からヴァルハラ、八大地獄、タルタロスまで』監修／一条真也 PHP研究所 2009年

企画編集　こどもくらぶ
装丁・デザイン　長江　知子
DTP　株式会社エヌ・アンド・エス企画

みたい！しりたい！しらべたい！
日本の地獄・極楽なんでも図鑑 ③極楽ってどんなところ？

2013年9月10日　初版第1刷発行　〈検印省略〉

定価はカバーに表示しています

監修者　松尾恒一
絵　宮嶋友美
発行者　杉田啓三
印刷者　金子眞吾

発行所　株式会社　ミネルヴァ書房
607-8494 京都市山科区日ノ岡堤谷町1
電話 075-581-5191／振替 01020-0-8076

印刷・製本　凸版印刷株式会社

ISBN978-4-623-06708-4
NDC387/32P/27cm
Printed in Japan

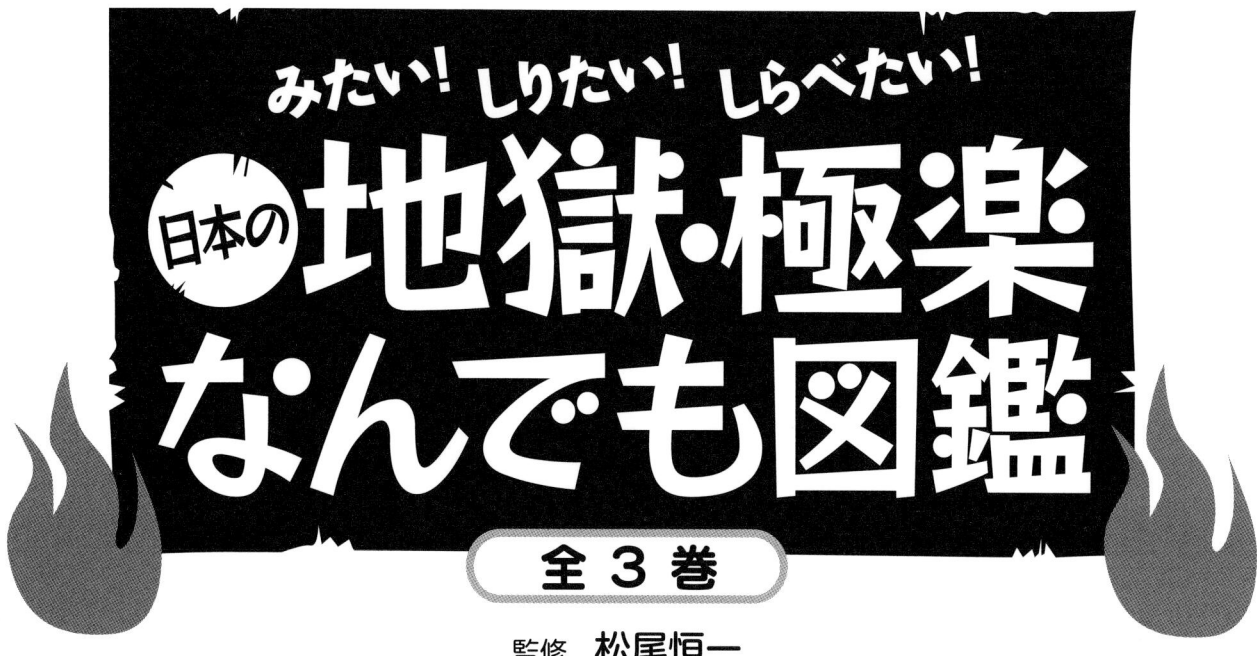

極楽《ごくらく》以外《いがい》の死後の世界

極楽《ごくらく》は、阿弥陀如来《あみだにょらい》がつくった浄土《じょうど》ですが、
そのほかの如来《にょらい》や菩薩《ぼさつ》がつくった浄土《じょうど》もあります。
これらは、人間界の東西南北や上下など
あらゆる方角にあると考えられています。